Title: Café Durable
Subtitle: Comment Choisir un Café Éco-Responsable et Soutenir des Pratiques Agricoles Durables

By Jenny Koo

Imprint: Independently published.

Copyright © 2024 by Jenny K. Koo. All rights reserved.

No part of this book may be used or reproduced in any manner whatsoever without written permission.

For information, please email to jennykookk@gmail.com

"Café Durable: Comment Choisir un Café Éco-Responsable et Soutenir des Pratiques Agricoles Durables"

Title: Café Durable
Subtitle: Comment Choisir un Café Éco-Responsable et Soutenir des Pratiques Agricoles Durables

By Jenny Koo

Table des Matières

Introduction
- Objectif du Livre
- Ce Que les Lecteurs Apprendront
- L'Importance Mondiale du Café

Pourquoi la Durabilité Est Importante dans le Café
- Impacts Environnementaux et Sociaux
- La Durabilité comme Solution

Aperçu des Pratiques de Café Durable
- Qu'est-ce que le Café Durable ?
- Brève Histoire de la Durabilité dans le Café
- Importance de la Sensibilisation

Chapitre 1 : Comprendre le Café Durable
- Définir la Durabilité dans le Café
- Le Voyage du Grain à la Tasse

Chapitre 2 : Impact Environnemental de la Production de Café
- Déforestation et Perte de Biodiversité
- Utilisation et Pollution de l'Eau
- Santé des Sols et Érosion

Chapitre 3 : Pratiques Agricoles Durables
- Café Cultivé à l'Ombre
- Agriculture Biologique
- Agroforesterie
- Compostage et Gestion des Déchets

Chapitre 4 : Certifications et Labels
- Commerce Équitable
- Rainforest Alliance
- USDA Biologique
- Autres Certifications (UTZ, Bird Friendly)

Chapitre 5 : Choisir un Café Éco-Responsable
- Lire les Labels et les Certifications
- Soutenir des Marques Éthiques
- Options Locales et Commerce Direct

Chapitre 6 : Méthodes de Brassage et de Consommation Durables
- Méthodes de Brassage Éco-Responsables

- Réduire les Déchets
- Recyclage et Compostage

Chapitre 7 : Impact Social du Café Durable
- Autonomisation des Agriculteurs
- Développement Communautaire
- Égalité des Sexes

Chapitre 8 : L'Avenir du Café Durable
- Innovations dans la Production de Café
- Défis et Opportunités
- Rôle du Consommateur

Conclusion
- Récapitulation des Points Clés
- Appel à l'Action

Introduction

Objectif du Livre
Pour beaucoup, le café est bien plus qu'une simple boisson : c'est un rituel, une source de réconfort et une part essentielle de la vie quotidienne. Mais avez-vous déjà pris le temps de réfléchir à l'origine de votre café ou à l'impact qu'il a sur le monde qui vous entoure ? À mesure que la demande mondiale de café continue d'augmenter, il devient de plus en plus important de faire des choix éclairés concernant le café que nous consommons. Ce livre est votre guide pour naviguer dans le monde du café durable, que vous soyez un buveur occasionnel ou un connaisseur averti.

Le voyage du grain à la tasse est complexe, impliquant des agriculteurs, des commerçants, des torréfacteurs et des baristas. Au fil de ce parcours, les choix faits par chacun de ces acteurs influencent non seulement la qualité du café, mais aussi l'environnement et la vie de ceux qui le cultivent. En choisissant un café durable, vous ne vous contentez pas de savourer une meilleure tasse, vous contribuez également au bien-être de la planète et des personnes derrière votre café du matin.

Ce Que les Lecteurs Apprendront
Dans ce livre, vous explorerez ce que signifie le terme "durable" pour le café et comment vous pouvez faire des choix en accord avec vos valeurs. Vous apprendrez à déchiffrer les différentes certifications et labels qui ornent les paquets de café, à comprendre les impacts

environnementaux et sociaux de la production de café, et à découvrir comment vos méthodes de préparation peuvent faire la différence.

Nous aborderons également l'avenir du café durable, en examinant les innovations et les défis à venir. À la fin de ce livre, vous serez équipé des connaissances nécessaires pour choisir en toute confiance un café qui non seulement a bon goût, mais qui fait aussi du bien.

L'Importance Mondiale du Café

Le café est l'une des boissons les plus appréciées au monde, consommée quotidiennement par des millions de personnes. C'est également la deuxième marchandise la plus échangée au niveau mondial, juste après le pétrole, ce qui souligne son importance économique énorme. Mais derrière cette boisson omniprésente se cache un vaste réseau d'agriculteurs, dont la plupart sont des petits producteurs dans les pays en développement. Ces agriculteurs doivent souvent faire face à des défis tels que le changement climatique, l'instabilité des prix du marché et des pratiques de travail injustes.

L'impact environnemental de la production de café est tout aussi significatif. L'agriculture traditionnelle du café conduit souvent à la déforestation, à la dégradation des sols et à la pollution de l'eau. Cependant, les pratiques durables peuvent aider à atténuer ces effets, en préservant la biodiversité et en améliorant la santé des sols. En faisant des choix conscients, vous, en tant que consommateur, pouvez soutenir ces pratiques positives et contribuer à un avenir plus durable pour le café.

Le café durable n'est pas seulement une tendance ; c'est une nécessité. Au fil de votre lecture, vous découvrirez que les choix que vous faites, du café que vous achetez à la manière dont vous le préparez, ont des impacts considérables. Ensemble, nous pouvons garantir que les générations futures pourront apprécier le café autant que nous le faisons aujourd'hui.

Pourquoi la Durabilité Est Importante dans le Café

Impacts Environnementaux et Sociaux
Le café est un aliment de base mondial, mais sa production a des conséquences environnementales et sociales considérables. L'agriculture traditionnelle du café conduit souvent à la déforestation, menaçant la biodiversité et contribuant au changement climatique. Les grandes plantations de café, en particulier celles en monocultures exposées au soleil, perturbent les écosystèmes en supprimant les arbres et les plantes indigènes, ce qui affecte à son tour les habitats de la faune.

L'utilisation de l'eau dans la production de café est un autre problème important. Les méthodes de traitement humide, courantes dans de nombreux pays producteurs de café, utilisent de grandes quantités d'eau, entraînant souvent la contamination des sources d'eau locales par des produits chimiques et des déchets organiques. Cette pollution nuit à la vie aquatique et peut rendre l'eau dangereuse pour les communautés avoisinantes.

Sur le plan social, de nombreux producteurs de café travaillent dans des conditions difficiles, avec des salaires bas, un accès limité aux soins de santé et des conditions de vie précaires. Dans de nombreuses régions, la volatilité des prix du café sur les marchés mondiaux exacerbe ces problèmes, laissant les agriculteurs vulnérables à la pauvreté et à l'instabilité économique.

La Durabilité comme Solution

La durabilité dans la production de café offre une solution pour atténuer ces impacts. En adoptant des pratiques respectueuses de l'environnement, telles que le café cultivé à l'ombre, l'agriculture biologique et l'agroforesterie, les producteurs de café peuvent protéger la biodiversité, améliorer la santé des sols et réduire l'empreinte carbone de leurs exploitations. Les pratiques durables favorisent également l'utilisation efficace de l'eau et la gestion des déchets, contribuant à préserver les précieuses ressources naturelles.

Sur le plan social, la durabilité garantit que les agriculteurs reçoivent une compensation équitable pour leur travail, ont accès à l'éducation et bénéficient de meilleures conditions de travail. Les programmes de certification comme le Commerce Équitable et Rainforest Alliance jouent un rôle crucial dans la promotion de ces normes, en veillant à ce que les avantages de la production de café soient partagés de manière plus équitable entre toutes les parties prenantes.

La durabilité ne consiste pas seulement à protéger l'environnement ; il s'agit de créer une industrie du café qui soit juste, résiliente et capable de prospérer à long terme. En comprenant l'importance de la durabilité, nous pouvons faire des choix éclairés qui soutiennent ces efforts et contribuent à un avenir plus durable pour le café.

Aperçu des Pratiques de Café Durable

Qu'est-ce que le Café Durable ?
Le café durable est cultivé et transformé de manière à minimiser l'impact environnemental et à promouvoir l'équité sociale. Cette approche de la production de café met l'accent sur la conservation des ressources naturelles, la protection des écosystèmes et le respect des agriculteurs en s'assurant qu'ils soient équitablement rémunérés. Le café durable met également l'accent sur la qualité, avec la conviction que des plantes en bonne santé, cultivées dans un écosystème équilibré, produisent de meilleurs grains.

Brève Histoire de la Durabilité dans le Café
Le concept de durabilité dans le café a commencé à gagner en importance à la fin du 20e siècle, alors que les impacts environnementaux et sociaux de la production de café devenaient plus apparents. Dans les années 1980 et 1990, l'essor de l'agriculture biologique et l'introduction de programmes de certification tels que le Commerce Équitable ont marqué le début du mouvement pour un café durable. Ces initiatives visaient à résoudre les problèmes de bas salaires, de mauvaises conditions de travail et de dégradation de l'environnement, qui étaient courants dans de nombreuses régions productrices de café.

Au fil des ans, le mouvement a pris de l'ampleur, avec de plus en plus d'agriculteurs adoptant des pratiques durables et de plus en plus de consommateurs recherchant un café produit de manière éthique. Aujourd'hui, la durabilité est une considération clé pour de nombreux acteurs de l'industrie du café, des petits producteurs aux grandes entreprises.

Importance de la Sensibilisation

La sensibilisation des consommateurs est essentielle au succès du café durable. En comprenant ce que signifie la durabilité et pourquoi elle est importante, les consommateurs peuvent faire des choix éclairés qui soutiennent les pratiques durables. Cela inclut la recherche de certifications, l'achat de marques éthiques et la compréhension de l'impact de leur consommation de café.

Lorsque les consommateurs exigent du café durable, ils créent un marché qui valorise et récompense la production responsable. Cela encourage à son tour davantage d'agriculteurs à adopter des pratiques durables, créant ainsi un cycle positif d'amélioration qui profite à tous ceux qui sont impliqués, des agriculteurs à l'environnement, en passant par le consommateur final.

Chapitre 1 : Comprendre le Café Durable

Définir la Durabilité dans le Café
La durabilité dans le café est un concept global qui intègre la protection de l'environnement, la responsabilité sociale et la viabilité économique. Elle va au-delà de la simple notion d'être "écolo" et implique une approche holistique de l'ensemble du processus de production de café. La production de café durable garantit que l'environnement est préservé, que les agriculteurs et les travailleurs sont traités équitablement et rémunérés équitablement, et que l'industrie reste rentable pour tous les acteurs impliqués, du producteur au consommateur.

La protection de l'environnement est un élément clé de la durabilité. Cela inclut des pratiques telles que la minimisation de l'utilisation de produits chimiques synthétiques, la conservation de l'eau et le maintien de la biodiversité grâce à des méthodes comme le café cultivé à l'ombre. Le café cultivé à l'ombre, par exemple, permet aux plants de café de pousser sous la canopée des arbres, ce qui aide à préserver l'écosystème environnant, à soutenir la faune et à réduire l'érosion des sols. L'agriculture biologique, un autre aspect de la durabilité environnementale, se concentre sur des méthodes naturelles de lutte contre les parasites et de fertilisation des sols, évitant les pesticides et les engrais nocifs.

La responsabilité sociale est tout aussi importante dans le café durable. Elle garantit que les personnes qui cultivent et récoltent le café sont traitées avec respect et équité. Cela signifie fournir des salaires équitables, des conditions de travail sûres et des opportunités d'éducation et de développement communautaire. La durabilité sociale inclut également l'autonomisation des groupes marginalisés, tels que les femmes et les populations indigènes, qui jouent souvent un rôle crucial dans la production de café mais qui sont fréquemment sous-représentés et sous-payés.

La viabilité économique relie les aspects environnementaux et sociaux. Pour que la production de café soit véritablement durable, elle doit également être économiquement viable. Cela signifie que les agriculteurs doivent gagner un salaire décent qui couvre les coûts de production et fournit une marge de profit leur permettant de réinvestir dans leurs exploitations et d'améliorer leur qualité de vie. La durabilité économique implique également la création d'une chaîne d'approvisionnement transparente et équitable, où les avantages de la production de café sont répartis équitablement entre tous les participants.

En essence, le café durable consiste à créer un équilibre entre ces trois piliers - protection de l'environnement, responsabilité sociale et viabilité économique - pour garantir que l'industrie du café puisse prospérer pour les générations à venir.

Le Voyage du Grain à la Tasse

Le voyage du grain à la tasse est un processus complexe qui implique plusieurs étapes, chacune avec ses propres défis et opportunités en matière de durabilité. Comprendre ce voyage nous aide à apprécier les subtilités de la production de café et l'importance de faire des choix durables à chaque étape.

La culture du café commence généralement dans les régions tropicales, où le climat et les conditions du sol sont idéaux pour la culture des plants de café. Cependant, les pratiques agricoles traditionnelles du café, comme la monoculture en plein soleil, peuvent conduire à la déforestation, à la dégradation des sols et à la perte de biodiversité. En revanche, les pratiques de culture durables, comme le café cultivé à l'ombre, protègent l'environnement en préservant la couverture forestière, en maintenant la santé des sols et en offrant des habitats pour la faune. L'agriculture biologique renforce encore la durabilité en évitant les produits chimiques synthétiques, qui peuvent nuire à l'environnement et à la santé des agriculteurs.

Une fois que les cerises de café sont mûres, elles sont généralement récoltées à la main. Ce processus laborieux garantit que seules les meilleures cerises sont sélectionnées, ce qui est crucial pour maintenir la qualité du café. Cependant, cette étape souligne également l'importance des pratiques de travail équitables et de la rémunération équitable des travailleurs qui effectuent ce travail exigeant. Veiller à ce que ces travailleurs soient équitablement payés et traités avec respect est un aspect essentiel de la durabilité sociale.

Après la récolte, les cerises sont transformées pour extraire les grains. Il existe plusieurs méthodes de traitement, notamment le traitement à sec, qui consiste à sécher les cerises au soleil, et le traitement humide, qui utilise de l'eau pour fermenter et laver les grains. Chaque méthode a des impacts environnementaux différents, en particulier en ce qui concerne l'utilisation de l'eau et la gestion des déchets. Les pratiques de transformation durables se concentrent sur la minimisation de l'utilisation de l'eau, la réduction des déchets et la protection des ressources en eau locales contre la contamination.

Les grains de café vert sont ensuite torréfiés pour développer leur saveur. La torréfaction est une étape cruciale dans le processus de production du café, et elle peut être réalisée à différentes échelles, des petits lots artisanaux aux grandes opérations industrielles. Les pratiques de torréfaction durables incluent l'utilisation d'équipements écoénergétiques, la minimisation des émissions et la garantie que le processus de torréfaction soit aussi respectueux de l'environnement que possible.

Enfin, les grains torréfiés sont moulus et infusés pour faire le café que vous appréciez. La méthode que vous choisissez pour infuser - que ce soit une presse française, une machine à expresso ou une cafetière goutte à goutte - peut également influencer la durabilité de votre habitude de consommation de café.

Les méthodes de brassage durables se concentrent sur la réduction des déchets, comme l'utilisation de filtres réutilisables et le compostage des marcs de café, et la minimisation de la consommation d'énergie.

Le voyage du grain à la tasse est un témoignage de la dévotion et des efforts nécessaires pour produire un café de haute qualité. En comprenant chaque étape de ce voyage, nous pouvons mieux apprécier l'importance de la durabilité dans la production de café et faire des choix éclairés qui soutiennent une industrie du café plus durable.

Chapitre 2 : Impact Environnemental de la Production de Café

Déforestation et Perte de Biodiversité

L'impact environnemental de la production de café est significatif, la déforestation étant l'un des problèmes les plus pressants. L'agriculture traditionnelle du café implique souvent de défricher de vastes zones forestières pour créer des plantations de café. Cette pratique, particulièrement répandue dans les systèmes de café cultivé en plein soleil, entraîne la destruction d'habitats vitaux pour d'innombrables espèces, contribuant à une perte considérable de biodiversité. Les forêts ne sont pas seulement le foyer d'une faune diversifiée, elles jouent également un rôle crucial dans la régulation du climat terrestre en absorbant le dioxyde de carbone. Lorsque les forêts sont défrichées pour des plantations de café, cette capacité de séquestration du carbone est perdue, contribuant au réchauffement climatique. De plus, l'élimination des arbres perturbe les écosystèmes locaux, conduisant à l'érosion des sols et à l'épuisement des nutriments dans le sol, ce qui diminue encore la productivité des terres au fil du temps.

En revanche, les pratiques agricoles durables, comme le café cultivé à l'ombre, visent à protéger ces écosystèmes. Le café cultivé à l'ombre implique de cultiver les plants de café sous la canopée d'arbres existants, préservant ainsi la forêt et sa biodiversité.

Cette méthode protège non seulement la faune, mais améliore également la qualité du café, car l'ombre aide les cerises de café à mûrir lentement, résultant en un profil de saveur plus riche.

Utilisation de l'Eau et Pollution

L'eau est essentielle dans la production de café, en particulier lors de l'étape de transformation, où les cerises de café sont souvent lavées pour enlever la pulpe avant le séchage. Cependant, la méthode traditionnelle de traitement humide utilise de grandes quantités d'eau, souvent dans des régions où l'eau est déjà une ressource rare. Cette utilisation excessive de l'eau peut exercer une pression sur les réserves locales d'eau, laissant les communautés avec un accès limité à l'eau potable.

De plus, les eaux usées générées lors de la transformation du café sont généralement chargées de matières organiques et de produits chimiques qui, si elles ne sont pas correctement traitées, peuvent contaminer les sources d'eau locales. Cette pollution peut avoir des effets dévastateurs sur les écosystèmes aquatiques, tuant des poissons et d'autres formes de vie et rendant l'eau impropre à la consommation humaine.

Les pratiques de café durable visent à minimiser l'utilisation de l'eau et à mieux gérer les déchets. Le traitement à sec, par exemple, utilise beaucoup moins d'eau, bien qu'il nécessite une manipulation plus soigneuse pour éviter les problèmes de fermentation. Dans les régions où le traitement humide est la norme, certains producteurs ont commencé à utiliser des équipements plus efficaces qui recyclent l'eau, réduisant ainsi la consommation globale et limitant l'impact sur les réserves d'eau locales. En outre, l'utilisation de systèmes de filtration naturelle, comme les zones humides construites, peut aider à traiter les eaux usées, prévenant la pollution et protégeant les écosystèmes locaux.

Santé des Sols et Érosion

La santé des sols est une autre préoccupation environnementale critique dans la production de café. Les pratiques agricoles intensives utilisées dans la production conventionnelle de café, telles que la monoculture et l'utilisation excessive d'engrais chimiques et de pesticides, peuvent entraîner une dégradation des sols. Au fil du temps, ces pratiques privent le sol de nutriments essentiels, réduisant sa fertilité et le rendant plus susceptible à l'érosion. L'érosion est un problème particulier dans les régions de culture du café, qui sont souvent situées sur des pentes abruptes. Sans couverture végétale adéquate, l'eau de pluie peut emporter la couche arable, entraînant des glissements de terrain et dégradant encore la capacité des terres à supporter les cultures. Cette perte de la couche arable réduit non seulement les rendements en café, mais affecte également l'environnement environnant, contribuant à la sédimentation des rivières et des ruisseaux, ce qui peut nuire à la vie aquatique et perturber les approvisionnements en eau.

Les pratiques agricoles durables du café abordent ces problèmes en promouvant des techniques de conservation des sols. Cela inclut la plantation de cultures de couverture pour protéger le sol de l'érosion, l'utilisation d'engrais organiques pour maintenir la fertilité du sol et la rotation des cultures pour éviter l'épuisement des nutriments. En se concentrant sur la santé des sols, l'agriculture durable du café assure non seulement une productivité à long terme, mais aide également à protéger l'environnement au sens large.

Chapitre 3 : Pratiques Agricoles Durables

Café Cultivé à l'Ombre

Le café cultivé à l'ombre est une méthode agricole traditionnelle qui a regagné de l'attention pour ses avantages environnementaux. Dans ce système, les plants de café sont cultivés sous la canopée d'arbres plus grands, imitant les conditions naturelles dans lesquelles le café a évolué. L'ombre fournie par ces arbres aide à protéger les plants de café de l'excès de soleil, réduit le besoin d'intrants chimiques, et soutient la biodiversité en offrant des habitats aux oiseaux, insectes et autres formes de vie.

Les arbres dans un système de café cultivé à l'ombre contribuent également à la santé des sols en déposant des feuilles qui se décomposent et enrichissent le sol en matière organique. Ce paillis naturel aide à retenir l'humidité, réduisant ainsi le besoin d'irrigation, et protège le sol de l'érosion. De plus, la diversité des espèces végétales dans un système de café cultivé à l'ombre peut aider à contrôler les ravageurs de manière naturelle, réduisant ainsi la dépendance aux pesticides nocifs.

Pour les consommateurs, le café cultivé à l'ombre offre souvent un profil de saveur supérieur. La maturation plus lente des cerises de café dans des conditions ombragées permet le développement de saveurs plus complexes, résultant en une tasse de café plus riche et plus nuancée. En choisissant du café cultivé à l'ombre, les consommateurs peuvent soutenir des pratiques agricoles qui protègent l'environnement et favorisent la biodiversité.

Agriculture Biologique
L'agriculture biologique est un autre pilier de la production durable de café. Le café biologique est cultivé sans l'utilisation d'engrais synthétiques, de pesticides ou d'organismes génétiquement modifiés (OGM). Les agriculteurs biologiques se fient à des méthodes naturelles pour maintenir la fertilité des sols, contrôler les ravageurs et gérer les maladies. Ces méthodes incluent le compostage, la rotation des cultures, et l'utilisation d'engrais organiques tels que le fumier et le compost.
L'un des principaux avantages de l'agriculture biologique est son impact positif sur la santé des sols. Les pratiques biologiques aident à maintenir et à améliorer la fertilité naturelle des sols, garantissant qu'ils restent productifs pour les générations futures. Un sol en bonne santé est également plus résilient aux conditions météorologiques extrêmes, telles que les sécheresses et les fortes pluies, qui deviennent de plus en plus courantes en raison du changement climatique.
En plus de ses avantages environnementaux, l'agriculture biologique a également des impacts sociaux positifs. La certification biologique est souvent associée à un prix premium, ce qui peut fournir un revenu supplémentaire aux agriculteurs. Ce revenu supplémentaire peut être investi dans l'amélioration des conditions de vie, de l'éducation et des soins de santé pour les communautés agricoles. En choisissant

du café biologique, les consommateurs soutiennent non seulement des pratiques respectueuses de l'environnement, mais contribuent également au bien-être des agriculteurs et de leurs familles.

Agroforesterie

L'agroforesterie est une pratique agricole durable qui intègre des arbres et d'autres végétations avec des cultures et du bétail. Dans la production de café, l'agroforesterie implique de planter du café aux côtés de diverses espèces d'arbres, créant ainsi un écosystème diversifié et résilient. Cette approche offre de nombreux avantages environnementaux, notamment la séquestration du carbone, l'amélioration de la santé des sols et l'enrichissement de la biodiversité.

Dans un système agroforestier, les arbres fournissent de l'ombre aux plants de café, réduisant ainsi le besoin d'irrigation et protégeant le sol de l'érosion. La diversité des espèces végétales dans un système agroforestier soutient également une large gamme de la faune, contribuant à la préservation de la biodiversité. De plus, les arbres peuvent produire d'autres produits de valeur, tels que des fruits, des noix ou du bois, offrant aux agriculteurs des sources de revenus supplémentaires et réduisant leur dépendance exclusive au café.

L'agroforesterie est particulièrement bien adaptée aux petits exploitants agricoles, qui disposent souvent de ressources limitées et doivent tirer le meilleur parti de leurs terres. En diversifiant leurs cultures, ces agriculteurs peuvent réduire leur risque et augmenter leur résilience face aux fluctuations du marché et au changement climatique. Pour les consommateurs, soutenir le café produit grâce à des pratiques agroforestières signifie contribuer à un système agricole plus durable et résilient.

Compostage et Gestion des Déchets

Le compostage est une pratique vitale dans l'agriculture durable du café qui aide à gérer les déchets et à améliorer la santé des sols. La production de café génère une quantité importante de déchets organiques, y compris la pulpe de café, les feuilles et les branches. Au lieu de jeter ces déchets, les agriculteurs peuvent les composter, les transformant en une ressource précieuse qui améliore la fertilité des sols et réduit le besoin d'engrais chimiques.

Le compostage implique la décomposition contrôlée de la matière organique, créant un matériau riche en nutriments qui peut être utilisé pour enrichir le sol. Ce processus réduit non seulement la quantité de déchets générés à la ferme, mais recycle également les nutriments dans le sol, favorisant une croissance saine des plantes et améliorant la capacité du sol à retenir l'eau.

En plus du compostage, les pratiques durables de gestion des déchets dans la production de café se concentrent également sur la minimisation de l'impact environnemental d'autres sous-produits, tels que les eaux usées issues de la transformation. En traitant et en réutilisant les eaux usées, les producteurs de café peuvent réduire la pollution et conserver les ressources en eau.

Pour les consommateurs, choisir du café provenant de fermes qui privilégient le compostage et la gestion des déchets signifie soutenir des pratiques qui réduisent les dommages environnementaux et favorisent une économie circulaire, où les déchets sont minimisés et les ressources utilisées plus efficacement.

Chapitre 4 : Certifications et Labels

Commerce Équitable

La certification Commerce Équitable est l'un des labels les plus connus et respectés dans l'industrie du café. Elle a été établie pour répondre aux défis sociaux et économiques auxquels sont confrontés les producteurs de café, en particulier dans les pays en développement. Le Commerce Équitable garantit que les agriculteurs reçoivent un prix équitable pour leur café, qui couvre le coût de la production durable et assure un salaire décent.

La certification Commerce Équitable promeut également de meilleures conditions de travail, l'organisation démocratique et le développement communautaire. Elle exige que les agriculteurs et les travailleurs aient accès à l'éducation, aux soins de santé et à des environnements de travail sûrs. La prime du Commerce Équitable, une somme d'argent supplémentaire payée en plus du prix équitable, est investie dans des projets communautaires, tels que des écoles, des cliniques et des améliorations d'infrastructures.

Pour les consommateurs, choisir du café Commerce Équitable est un moyen de soutenir les agriculteurs et leurs communautés, en veillant à ce que les personnes qui cultivent leur café soient traitées équitablement et puissent construire un avenir meilleur pour elles-mêmes et leurs familles.

Rainforest Alliance

La certification Rainforest Alliance se concentre sur la durabilité environnementale, l'équité sociale et la viabilité économique. Elle garantit que le café est cultivé de manière à conserver les ressources naturelles, protéger la faune et promouvoir le bien-être des communautés agricoles. Les fermes certifiées Rainforest Alliance doivent respecter des normes rigoureuses de gestion environnementale, y compris la conservation de la biodiversité, la santé des sols et des ressources en eau.

En plus des critères environnementaux, la certification Rainforest Alliance aborde également les questions sociales et économiques. Elle exige que les travailleurs soient traités équitablement, avec un accès à des salaires décents, à des conditions de travail sûres et au droit de s'organiser. La certification promeut également le développement communautaire, en encourageant les agriculteurs à investir dans l'éducation, les soins de santé et d'autres services sociaux.

Pour les consommateurs, la certification Rainforest Alliance offre l'assurance que leur café est produit de manière à respecter à la fois les personnes et la planète. En choisissant du café certifié Rainforest Alliance, les consommateurs peuvent soutenir des pratiques agricoles durables qui contribuent à un monde plus sain et plus équitable.

USDA Biologique

Le label USDA Biologique est une certification largement reconnue qui indique que le café a été produit sans l'utilisation d'engrais synthétiques, de pesticides ou d'organismes génétiquement modifiés (OGM). L'agriculture biologique du café se concentre sur des méthodes naturelles de lutte contre les ravageurs, de fertilité des sols et de rotation des cultures, qui aident à maintenir la santé de l'environnement et à produire un café de haute qualité. La certification USDA Biologique exige que les fermes de café respectent des normes strictes pour la production biologique, y compris l'utilisation de semences biologiques, la gestion de la santé des sols et la prévention de la contamination par des sources non biologiques. Le processus de certification comprend également des inspections régulières pour garantir la conformité aux normes biologiques.

Pour les consommateurs, le label USDA Biologique offre la confiance que leur café est produit de manière respectueuse de l'environnement, sans produits chimiques nocifs ou OGM. En choisissant du café biologique, les consommateurs peuvent soutenir des pratiques agricoles qui protègent l'environnement et favorisent la durabilité.

Autres Certifications (UTZ, Bird Friendly)

En plus de Commerce Équitable, Rainforest Alliance et USDA Biologique, il existe plusieurs autres certifications qui promeuvent la production durable de café. La certification UTZ, par exemple, se concentre sur les pratiques agricoles durables, la traçabilité et la responsabilité sociale. Les fermes certifiées UTZ doivent respecter des normes de gestion environnementale, des droits des travailleurs et de développement communautaire, similaires à celles des autres certifications.

La certification Bird Friendly, développée par le Smithsonian Migratory Bird Center, se concentre spécifiquement sur la protection des habitats des oiseaux grâce aux pratiques de café cultivé à l'ombre. Le café Bird Friendly est cultivé sous une canopée d'arbres qui offrent un habitat aux oiseaux migrateurs, contribuant à la conservation de la biodiversité.

Pour les consommateurs, ces certifications offrent des options supplémentaires pour soutenir le café durable. En comprenant les différentes certifications et ce qu'elles représentent, les consommateurs peuvent faire des choix éclairés qui correspondent à leurs valeurs et contribuent à une industrie du café plus durable.

Chapitre 5 : Choisir un Café Éco-Responsable

Lire les Labels et les Certifications

Lorsque vous faites vos courses de café, lire les étiquettes et comprendre les certifications est essentiel pour faire des choix éco-responsables. Les étiquettes fournissent des informations précieuses sur l'origine du café, les pratiques agricoles utilisées, et les certifications obtenues par le café. Cependant, avec tant de labels et de certifications différents sur le marché, il peut être difficile de savoir lesquels reflètent réellement des pratiques durables.

Commencez par rechercher des certifications telles que Commerce Équitable, Rainforest Alliance, USDA Biologique et Bird Friendly, qui indiquent que le café a été produit d'une manière qui respecte des normes environnementales et sociales spécifiques. Ces certifications offrent l'assurance que le café que vous achetez soutient des pratiques agricoles durables, protège l'environnement et promeut l'équité sociale.

En plus des certifications, recherchez des informations sur l'étiquette concernant l'origine du café. Les cafés d'origine unique, qui proviennent d'une région ou d'une ferme spécifique, offrent souvent plus de transparence sur les pratiques agricoles utilisées. De nombreuses marques de café durable incluent également des informations sur leurs relations directes avec les agriculteurs, soulignant leur engagement en faveur du commerce équitable et de l'approvisionnement éthique.

En prenant le temps de lire les étiquettes et de comprendre les certifications, vous pouvez faire des choix éclairés qui soutiennent une industrie du café plus durable et garantir que votre habitude de consommation de café ait un impact positif sur le monde.

Soutenir des Marques Éthiques

Soutenir des marques de café éthiques est une autre façon importante de promouvoir la durabilité dans l'industrie du café. De nombreuses entreprises de café sont engagées dans des pratiques durables, depuis l'approvisionnement en grains provenant de fermes certifiées jusqu'à l'investissement dans des projets de développement communautaire dans les régions productrices de café. En choisissant d'acheter auprès de ces marques, vous pouvez aider à stimuler la demande pour du café produit de manière durable et encourager davantage d'entreprises à adopter des pratiques éthiques.

Lorsque vous recherchez des marques éthiques, prenez en compte leur engagement envers la transparence et la traçabilité. Les marques éthiques fournissent souvent des informations détaillées sur leur chaîne d'approvisionnement, y compris les fermes dont elles s'approvisionnent et les conditions dans lesquelles le café est produit. Cette transparence permet aux consommateurs de faire des choix plus éclairés et garantit que les bénéfices de la production de café durable sont partagés de manière équitable.

En plus de la transparence, recherchez des marques qui privilégient la qualité et la durabilité dans tous les aspects de leur activité. Cela inclut l'utilisation d'emballages respectueux de l'environnement, la réduction de leur empreinte carbone, et le soutien à des initiatives qui bénéficient aux communautés productrices de café. En soutenant ces marques, vous pouvez savourer un café de haute qualité tout en contribuant à une industrie du café plus durable et éthique.

Options Locales et Commerce Direct

Acheter du café local ou du commerce direct est un autre moyen efficace de soutenir la durabilité. Les torréfacteurs locaux entretiennent souvent des relations étroites avec les agriculteurs de café et sont plus susceptibles de privilégier la qualité et la durabilité dans leurs pratiques d'approvisionnement. En achetant auprès de torréfacteurs locaux, vous pouvez soutenir les petites entreprises de votre communauté tout en garantissant que votre café est éthiquement sourcé.

Le commerce direct est un modèle d'approvisionnement en café qui consiste à acheter directement auprès des agriculteurs de café, contournant souvent les intermédiaires traditionnels. Cette approche permet aux agriculteurs de recevoir un prix plus élevé pour leur café et favorise des relations à long terme entre les agriculteurs et les acheteurs. Le commerce direct favorise également une plus grande transparence dans la chaîne d'approvisionnement, permettant aux consommateurs de savoir exactement d'où vient leur café et comment il a été produit.

En choisissant du café local ou du commerce direct, vous pouvez soutenir des pratiques agricoles durables, vous assurer que les agriculteurs reçoivent une compensation équitable, et profiter d'un café plus frais et de meilleure qualité. Ces options offrent un moyen de vous connecter plus étroitement avec le café que vous buvez et de contribuer à une industrie du café plus durable et équitable.

Chapitre 6 : Brassage et Consommation Durables

Méthodes de Brassage Éco-Responsables

La consommation durable de café ne s'arrête pas à l'achat de grains éco-responsables—elle s'étend également à la manière dont vous préparez votre café. Les méthodes de brassage éco-responsables se concentrent sur la réduction des déchets, la conservation de l'énergie et la minimisation de l'impact environnemental de votre habitude de consommation de café.

L'une des façons les plus simples de rendre votre brassage plus durable est d'utiliser une méthode de brassage manuelle, comme une presse française, un pour-over, ou un AeroPress. Ces méthodes ne nécessitent pas d'électricité, réduisant ainsi votre consommation d'énergie par rapport aux cafetières électriques. De plus, elles produisent souvent moins de déchets, surtout si vous utilisez un filtre réutilisable en métal ou en tissu au lieu de filtres en papier jetables.

Une autre option de brassage éco-responsable est d'utiliser une cafetière avec un mode d'économie d'énergie ou une qui s'éteint automatiquement après le brassage. Cela aide à réduire la consommation d'énergie et garantit que votre cafetière ne fonctionne pas plus longtemps que nécessaire. Si vous préférez l'expresso, envisagez d'utiliser une machine à expresso manuelle, qui ne nécessite pas d'électricité et produit peu de déchets.

Le cold brew est une autre option durable, car il ne nécessite pas de chaleur et peut être préparé en grandes quantités, réduisant la fréquence du brassage. De plus, le cold brew peut être conservé au réfrigérateur pendant plusieurs jours, vous permettant de profiter du café sans utiliser d'énergie pour préparer des lots frais à répétition.

Réduire les Déchets

Réduire les déchets est une partie cruciale de la consommation durable de café. Une façon de le faire est d'utiliser des tasses et des filtres à café réutilisables. Les tasses, dosettes et filtres à usage unique contribuent de manière significative aux déchets dans les décharges, donc passer à des alternatives réutilisables peut avoir un impact important. De nombreux cafés offrent également des réductions pour l'utilisation de votre propre tasse, ce qui est une situation gagnant-gagnant pour l'environnement et votre portefeuille.

Composter les marcs de café est un autre moyen efficace de réduire les déchets. Les marcs de café sont riches en azote, ce qui en fait un excellent ajout à votre tas de compost. Ils peuvent également être utilisés directement dans votre jardin comme engrais naturel ou pour repousser les ravageurs. En compostant vos marcs de café, vous pouvez aider à créer un système en boucle fermée où les déchets sont minimisés et les ressources réutilisées.

Enfin, envisagez d'acheter du café en vrac ou de choisir des marques qui utilisent un emballage minimal ou recyclable. Réduire la quantité d'emballage que vous utilisez aide à réduire les déchets et à diminuer l'impact environnemental global de votre consommation de café.

Recyclage et Compostage

Le recyclage et le compostage jouent un rôle vital dans la réduction de l'impact environnemental de la consommation de café. De nombreux éléments de votre routine café, de l'emballage aux marcs, peuvent être recyclés ou compostés au lieu de finir dans une décharge.

Commencez par recycler l'emballage du café chaque fois que c'est possible. De nombreux sacs de café sont désormais fabriqués à partir de matériaux recyclables, bien que vous deviez peut-être séparer différents composants, tels que les valves en plastique, avant de les recycler. Certaines marques proposent également des programmes de retour où vous pouvez renvoyer les sacs vides pour qu'ils soient recyclés ou réutilisés.

Composter vos marcs de café est un autre moyen simple mais efficace de réduire les déchets. En plus d'ajouter des nutriments à votre tas de compost, les marcs de café peuvent également être utilisés dans votre jardin pour améliorer la structure du sol et repousser les ravageurs. Vous pouvez même composter les filtres en papier usagés, à condition qu'ils soient non blanchis et exempts de produits chimiques.

Pour les dosettes de café, recherchez des marques qui offrent des options compostables ou recyclables. De nombreuses dosettes à usage unique sont fabriquées à partir de matériaux difficiles à recycler, donc passer à une option plus durable peut réduire considérablement vos déchets.

En intégrant le recyclage et le compostage dans votre

routine café, vous pouvez minimiser l'impact environnemental de votre consommation de café et contribuer à un mode de vie plus durable.

Chapitre 7 : L'Impact Social du Café Durable

Autonomisation des Agriculteurs

La production durable de café ne consiste pas seulement à protéger l'environnement ; elle vise également à autonomiser les personnes qui cultivent notre café. Les petits exploitants agricoles, qui produisent la majorité du café mondial, sont souvent confrontés à des défis importants, notamment des prix bas, des marchés instables et un accès limité aux ressources. Les pratiques durables aident à relever ces défis en garantissant que les agriculteurs reçoivent une compensation équitable et disposent du soutien nécessaire pour améliorer leurs moyens de subsistance.

Le Commerce Équitable et d'autres programmes de certification jouent un rôle crucial dans l'autonomisation des agriculteurs en garantissant un prix minimum pour leur café, en leur donnant accès au crédit, et en promouvant de meilleures conditions de travail. Ces programmes investissent également dans des projets de développement communautaire, tels que des écoles, des établissements de santé, et des améliorations d'infrastructures, qui bénéficient non seulement aux agriculteurs, mais aussi à leurs familles et communautés.

Les relations de commerce direct, où les torréfacteurs achètent directement auprès des agriculteurs, contribuent également à l'autonomisation des agriculteurs en favorisant des partenariats à long terme et en offrant des prix plus élevés pour du café de qualité. Ces relations incluent souvent des investissements dans la formation et les ressources pour aider les agriculteurs à améliorer leurs pratiques agricoles et à augmenter leurs rendements.

En soutenant le café durable, les consommateurs peuvent aider à autonomiser les agriculteurs, en veillant à ce qu'ils aient les ressources et les opportunités pour prospérer.

Développement Communautaire

Les pratiques de café durable contribuent au développement communautaire en promouvant l'équité sociale et en investissant dans les communautés locales. De nombreux programmes de certification exigent qu'une partie des primes payées pour le café certifié soit utilisée pour financer des projets communautaires, tels que la construction d'écoles, l'amélioration des infrastructures de santé et la fourniture d'eau potable.

Ces investissements ont un impact durable sur les communautés productrices de café, améliorant la qualité de vie des agriculteurs et de leurs familles. L'accès à l'éducation, aux soins de santé et à l'eau potable bénéficie non seulement aux familles individuelles, mais renforce également la communauté dans son ensemble, créant une société plus résiliente et durable.

Les projets de développement communautaire incluent souvent des programmes de formation et d'éducation qui aident les agriculteurs à adopter des pratiques plus durables, à améliorer leurs rendements, et à augmenter leurs revenus. Ces programmes autonomisent les agriculteurs à prendre le contrôle de leur avenir et à contribuer à la durabilité à long terme de leurs communautés.

En choisissant du café provenant de sociétés et de certifications qui privilégient le développement communautaire, les consommateurs peuvent jouer un rôle dans le soutien à ces projets vitaux et aider à créer un avenir plus radieux pour les communautés productrices de café.

Égalité des Sexes

L'égalité des sexes est un aspect important de la durabilité sociale dans la production de café. Les femmes jouent un rôle crucial dans l'industrie du café, de la culture et de la récolte à la transformation et au commerce. Cependant, elles font souvent face à des obstacles importants, notamment un accès limité aux ressources, à l'éducation et aux opportunités de prise de décision.

Promouvoir l'égalité des sexes dans la production de café implique de garantir que les femmes aient un accès égal aux ressources, à la formation, et aux opportunités de leadership. Les programmes de certification et les initiatives qui se concentrent sur l'égalité des sexes aident à relever ces défis en fournissant aux femmes les outils et le soutien dont elles ont besoin pour réussir dans l'industrie du café.

Autonomiser les femmes dans la production de café bénéficie non seulement aux femmes elles-mêmes, mais aussi à leurs familles et à leurs communautés. Les recherches montrent que lorsque les femmes ont le contrôle de leurs revenus, elles sont plus susceptibles d'investir dans l'éducation, les soins de santé et la nutrition de leurs enfants, conduisant à de meilleurs résultats pour l'ensemble de la communauté.

En soutenant les initiatives qui promeuvent l'égalité des sexes, les consommateurs peuvent aider à créer une industrie du café plus inclusive et équitable où chacun a l'opportunité de prospérer.

Chapitre 8 : L'Avenir du Café Durable

Innovations dans la Production de Café

L'avenir du café durable réside dans l'innovation et le développement continu de nouvelles pratiques et technologies qui réduisent l'impact environnemental de la production de café tout en améliorant les résultats sociaux et économiques pour les agriculteurs. L'un des domaines d'innovation les plus prometteurs est le développement de nouvelles variétés de café plus résistantes aux changements climatiques, aux ravageurs et aux maladies.

Le changement climatique constitue une menace importante pour la production de café, avec des températures en hausse et des changements dans les régimes météorologiques rendant plus difficile la culture du café dans les régions traditionnelles. En réponse, les chercheurs travaillent à développer de nouvelles variétés de café capables de prospérer dans ces conditions changeantes tout en produisant des grains de haute qualité. Ces innovations non seulement protègent l'avenir du café, mais soutiennent également les moyens de subsistance des agriculteurs qui dépendent du café pour leurs revenus.

D'autres innovations dans la production de café durable incluent l'utilisation de la technologie pour améliorer l'efficacité et réduire les déchets. Par exemple, les techniques d'agriculture de précision, telles que l'utilisation de drones et de capteurs, peuvent aider les agriculteurs à surveiller leurs cultures plus efficacement et à appliquer des ressources comme l'eau et les engrais de manière plus précise. Cela réduit non seulement l'impact environnemental de la culture du café, mais aide également les agriculteurs à augmenter leurs rendements et leurs revenus.

Alors que ces innovations continuent de se développer, l'avenir du café durable s'annonce prometteur, avec le potentiel de créer une industrie du café plus résiliente et durable.

Défis et Opportunités

Bien qu'il existe de nombreuses opportunités excitantes pour l'avenir du café durable, il y a également des défis importants à relever. Le changement climatique, en particulier, représente une menace majeure pour la production de café, avec des températures en hausse et des changements dans les régimes météorologiques affectant les régions où le café peut être cultivé. À mesure que les régions de culture du café se déplacent, il y a un risque que les communautés productrices de café traditionnelles soient laissées pour compte, perdant leurs moyens de subsistance et leur patrimoine culturel.

Un autre défi est la viabilité économique de la production de café durable. Bien que les pratiques durables conduisent souvent à un café de meilleure qualité et à de meilleurs résultats pour les agriculteurs et l'environnement, elles peuvent également être plus coûteuses et exigeantes en main-d'œuvre. Assurer que ces pratiques sont économiquement viables pour les agriculteurs, en particulier les petits exploitants, est crucial pour le succès à long terme du café durable.

Malgré ces défis, il existe également des opportunités significatives pour l'avenir du café durable. La demande croissante pour du café produit de manière durable offre aux agriculteurs une opportunité d'adopter des pratiques plus durables et d'accéder à des marchés premium. De plus, la sensibilisation croissante des consommateurs aux impacts environnementaux et sociaux de leurs choix de café stimule la demande pour des options plus durables.

En relevant ces défis et en saisissant ces opportunités, l'industrie du café peut créer un avenir plus durable et équitable pour la production de café.

Rôle des Consommateurs

En tant que consommateurs, nous jouons un rôle crucial dans la détermination de l'avenir du café durable. Nos choix—le café que nous achetons, la façon dont nous le préparons et la manière dont nous éliminons les déchets—ont un impact direct sur l'environnement, les moyens de subsistance des agriculteurs et la durabilité de l'industrie du café.

En choisissant d'acheter du café certifié par des organisations réputées telles que le Commerce Équitable, Rainforest Alliance et USDA Biologique, nous pouvons soutenir des pratiques agricoles durables qui protègent l'environnement et promeuvent l'équité sociale. Soutenir des marques éthiques et des torréfacteurs locaux qui privilégient la durabilité aide également à stimuler la demande pour du café produit de manière durable et encourage davantage d'entreprises à adopter des pratiques éthiques.

En plus de faire des choix durables lors de l'achat de café, nous pouvons également réduire notre impact environnemental en adoptant des méthodes de brassage éco-responsables, en réduisant les déchets et en compostant les marcs de café. Ces petites actions, lorsqu'elles sont multipliées par des millions de buveurs de café dans le monde entier, peuvent avoir un impact significatif sur la durabilité de l'industrie du café.

En fin de compte, l'avenir du café durable dépend de nous tous—agriculteurs, producteurs, entreprises et consommateurs—travaillant ensemble pour créer une industrie du café qui soit non seulement rentable, mais aussi éthique, résiliente et durable pour les générations à venir.

Conclusion

Récapitulation des Points Clés

Le café durable ne consiste pas seulement à produire une bonne tasse de café—il s'agit de garantir que l'ensemble du processus, du grain à la tasse, soit réalisé de manière à protéger l'environnement, à soutenir les moyens de subsistance des agriculteurs et à créer un avenir meilleur pour tous les acteurs impliqués. Tout au long de ce livre, nous avons exploré les différents aspects du café durable, de l'impact environnemental de la production de café aux avantages sociaux et économiques du commerce équitable et de l'approvisionnement éthique.

Nous avons discuté de l'importance de comprendre le voyage du grain à la tasse, en reconnaissant les défis environnementaux et sociaux à chaque étape du processus. Nous avons également mis en évidence le rôle des certifications et des labels pour aider les consommateurs à faire des choix éclairés, et nous avons examiné l'impact des pratiques agricoles durables sur l'environnement et les communautés agricoles.

En choisissant d'acheter du café produit de manière durable, de soutenir des marques éthiques et d'adopter des méthodes de brassage éco-responsables, nous pouvons tous contribuer à une industrie du café plus durable. Nos choix comptent, et ensemble, nous pouvons aider à créer un avenir où le café est non seulement délicieux, mais aussi durable.

Appel à l'Action

Alors que vous savourez votre prochaine tasse de café, prenez un moment pour réfléchir au voyage qu'elle a fait pour arriver dans votre tasse. Considérez l'impact de vos choix et comment vous pouvez faire une différence en soutenant le café durable. Qu'il s'agisse de choisir un café certifié biologique, de soutenir un torréfacteur local ou de composter vos marcs de café, chaque petite action compte.

L'avenir du café est entre nos mains, et en faisant des choix durables, nous pouvons aider à garantir que le café continue d'être apprécié par les générations à venir. Travaillons ensemble pour créer une industrie du café qui soit équitable, durable et délicieuse.

Notes:

Notes:

Notes:

Notes:

Notes: